AF286445

Das Mauseloch soll mit der Schere an drei Seiten zum Aufklappen aufgeschnitten werden.

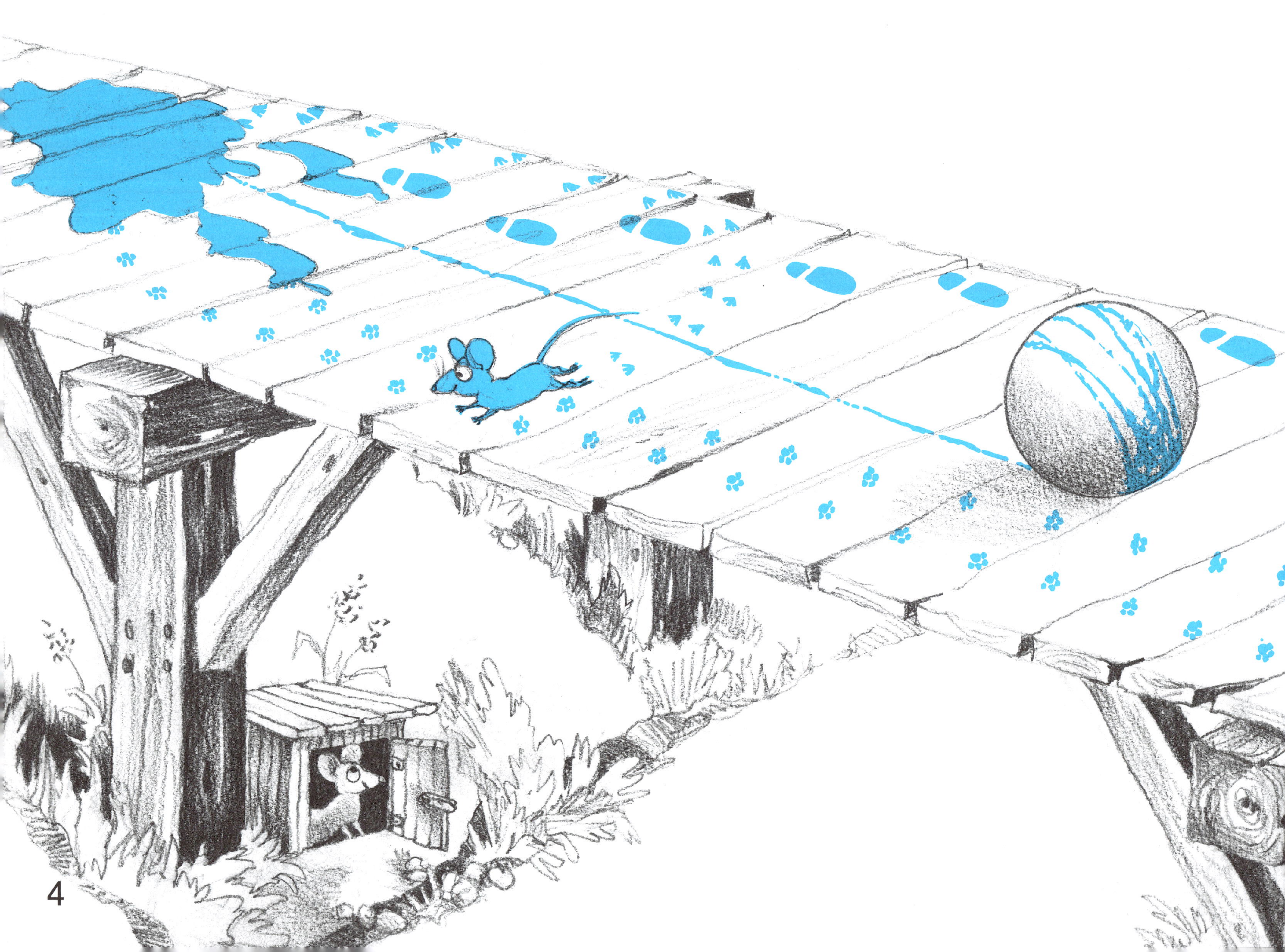

2
Ei - ne Tripp, ei - ne Trapp, ei - ne Tripp - trapp - maus,
geht zum Ti, geht zum Ta, geht zum Tan - zen aus.
Was macht das Mäus - chen nur? Es sucht sich ei - ne Uhr.

Text und Melodie: Rudolf Nykrin

2. Eine Tick, eine Tack, eine Ticktackuhr,
eine Klick, eine Klack, eine Klickklackuhr.
Das Mäuschen horcht und dann
fängt es zu hopsen an.

3. Einen Tick, einen Tack, einen Ticktacktanz
mit dem Schnick, mit dem Schnack, mit dem Schnickschnackschwanz,
mit dem Schnäuzchen und sowieso
mit den Beinchen und mit dem Po.

4. Kurikuk, kurikuk, die Tür geht auf,
der Kuckuck ruft die Stunde aus.
Das Mäuschen läuft voll Graus
zurück ins Mäusehaus.

Der Mann auf der Vendôme-Säule

In Paris steht eine hohe Säule, die heißt „Vendôme-Säule“. Unten in der Säule ist ein Türchen drin, da geht man hinein, und innen kann man eine Treppe hinaufsteigen, immer rund herum, rund herum – bis oben hin. Dort tritt man auf eine Galerie hinaus und schaut hinunter auf die Dächer; alle Schornsteine sieht man, und den Leuten guckt man auf die Köpfe und auf die Hüte. Ganz oben aber, noch über der Galerie, steht ein Mann auf der Vendôme-Säule den lieben langen Tag und steigt nie herunter, auch nachts nicht, wenn der Mond kommt. Der guckt erstaunt und sagt: „Ei, Mann von der Vendôme-Säule, du stehst ja noch da! Willst du denn nicht schlafen gehen?“ – „Nein“, sagt der Mann auf der Vendôme-Säule, „ich kann mich nicht rühren, ich bin doch aus Eisen.“ – „Ach so“, sagt der Mond und zieht weiter. Da kommen die vielen Sterne

Thea Sander, In: „Die schönsten Gute-Nacht-Geschichten“,
gesammelt von Jella Lepman,
herausgegeben von Hansjörg Schmitthenner,

und verwundern sich: „Ei, Mann von der Vendôme-Säule, was tust du noch hier? Bist du denn nicht müde?“ – „Nein“, sagt der Mann, „ich bin doch aus Eisen. Müde werde ich nicht.“ Und so steht er die ganze Nacht. Wenn es regnet, fallen ihm die Regentropfen auf den Kopf. „Mann von der Vendôme-Säule“, sagen sie, „du wirst ja naß. Spring doch hinunter auf die Galerie und geh zum Türchen rein, dann stehst du im Trocknen.“ – „Nein“, sagt der Mann auf der Vendôme-Säule, „das muß ich wohl bleiben lassen, ich bin hier festgewachsen, ich kann nicht hinunterspringen.“ – „Ach, du armer Mann von der Vendôme-Säule!“ sagen die Regentropfen und fließen an ihm herunter, so daß er ganz naß und glänzend wird. Und wenn der Hagelmann kommt und seinen Sack ausschüttet, dann springen die Hagelkörner ihm ins Gesicht, gegen die Stirn, auf die Nase, an die Backen, überall hin.

Regentropfen, Hagel, Blitz und Donnergrollen kann man aufzeichnen. Diese grafischen Zeichen dienen den Kindern dann zur Verständigung beim Singen und Spielen.

Rattattattatt, so schlagen sie auf, aber er rührt sich nicht. „Mann von der Vendôme-Säule", sagen die Hagelkörner, „warum läufst du nicht weg?" – „Ich bin doch aus Eisen, mir tut das alles nichts." Und wenn der Blitz kommt, zicke-zacke-zuck-zuck, dann ruft er: „Du Mann von der Vendôme-Säule, wenn du noch lange hier stehst, so fahr ich in deinen Kopf hinein, dann knallt's aber!" – „Das kannst du ruhig tun", sagt der Mann auf der Vendôme-Säule gleichmütig, „ich bin doch aus Eisen, mir macht das alles nichts aus. Übrigens kannst du dann gleich den Turm hinunterlaufen und in die Erde fahren, da willst du ja doch hin." – „Zicke-zacke-zuck-zuck", spottet der Blitz, „du weißt ja, wie es scheint, ganz genau Bescheid. Übrigens lasse ich mir keine Vorschriften machen, zicke-zacke-zuck-zuck!", und schon ist er weg. „Rumpel-pumpel-rumpel-pumpel", rumpelt der Donner hinterdrein, „da soll doch gleich das Donnerwetter 'reinschlagen in so einen alten Querkopf! Rumpel-pumpel-rumpel-pumpel!" Der Rumpelpumpelmann läuft nämlich immer hinter dem Blitz her und rumpelt fürchterlich, aber er tut keinem etwas zuleide, er spielt sich nur so auf. Zu ihm sagt der Mann auf der Vendôme-Säule kein Wort, mit solchen alten Knurrpetern, die doch nichts tun, gibt er sich nicht ab. Aber wenn die gute Frau Holle ihre Betten schüttelt, dann fallen die Schneeflöcklein dem Mann auf der Vendôme-Säule sachte auf den Kopf, da bekommt er eine weiße Pelzmütze. Und dann fallen die Schneeflocken ihm auf die Schultern, da hat er einen warmen Pelzkragen. Und dann fallen sie ihm auf die Hände, da hat er weiche, weiße Pelzhandschuhe an, und schließlich fallen sie ihm auf die Füße und machen ihm herrliche, warme Pelzpantoffeln. Oh, ist das aber schön!

Dann kommen die schwarzen Raben und krächzen: „Ei, Mann von der Vendôme-Säule, du bist aber fein!“ – „Ja“, sagt schmunzelnd der Mann, „einmal hab’ ich doch auch etwas Schönes.“ Und wenn er so recht behaglich von oben bis unten in lauter weißen Pelz eingemummelt ist, fallen ihm die Augen zu, und er schläft im Stehen ein. – Gute Nacht, du Mann von der Vendôme-Säule!

Thea Sander, In: „Die schönsten Gute-Nacht-Geschichten“,
gesammelt von Jella Lepman,
herausgegeben von Hansjörg Schmitthenner,

 Diese Figuren kann man anmalen oder mit Stoff und Papier bekleben.

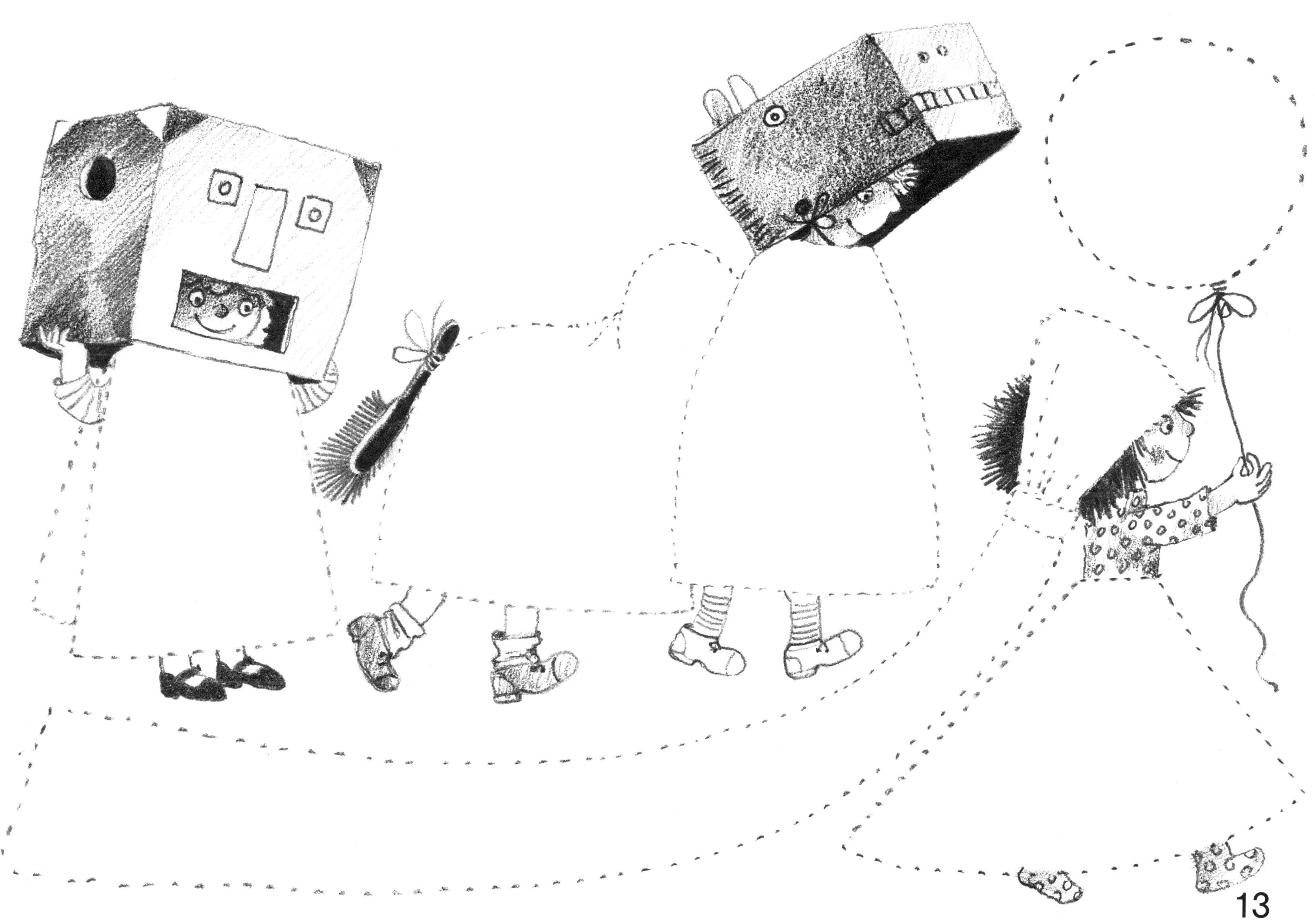

 Aus einfachen Materialien lassen sich Rasseln bauen, die zur rhythmischen Begleitung von Texten und Liedern oder beim Tanzen benutzt werden können.

NARRENSCHELLEN

scheppern scheppern scheppern

Alle Narren schweigen still

scheppern scheppern scheppern

jeder Narr so wie er will

aus

PERDAUTZ

BUM

Alle Narren fallen um.

Rasselinstrumente – oft besonders kostbar und klangschön – findet man bei vielen Völkern.

Im Wald wohnt ei - ne He - xe, die zi - za - zi - za - zau-bern kann,
im Wald wohnt ei - ne He - xe,
(rufen:) los, Hexe, fang schon an!!
Text und Melodie: Hilde Tenta
© Fidula-Verlag, Boppard/Rhein
Werd' klein
wie ein Stein!

Diese Hexe unbekannt
wird vom Zeichenstift gebannt.

Bücken, bücken,
krummer Rücken!

Recken, strecken,
Bohnenstecken!

Flatter-di,
schnatter-di
zung!

4
Kuk-kuck
Kuk-kuck
1. Die - ser Kuk - kuck, der mich neckt, tief im Wald - ge - sträuch ver - steckt:
Kuk-kuck
Kuk-kuck
rechts und links und ü - ber - all hört man sei - nen fer - nen Schall,
Kuk-kuck
Kuk-kuck, Kuk - kuck, Kuk-kuck.
rechts und links und ü - ber - all hört man sei - nen fer - nen Schall.

Text: Friedrich Rückert / Melodie: Ernst Schmid

Der Kuckuck, der mich neckt –
wo überall hat er sich versteckt?

2. Wo ich komme, geht er fort;
bin ich hier, so ist er dort.
Ei so sei er, wo er sei,
lieblich ist von fern sein Schrei:
Kuckuck.

Zwei Gum - mi - bäl - le rund und schön, die woll - ten mal spa - zie - ren gehn.
1. Sie hüpf - ten im - mer zu zu zu, sie hüpf - ten im - mer zu zu zu
und ga - ben kei - ne Ruh'.

Text und Melodie: Ulrike Schrott
© B. Schott's Söhne, Mainz, 1984

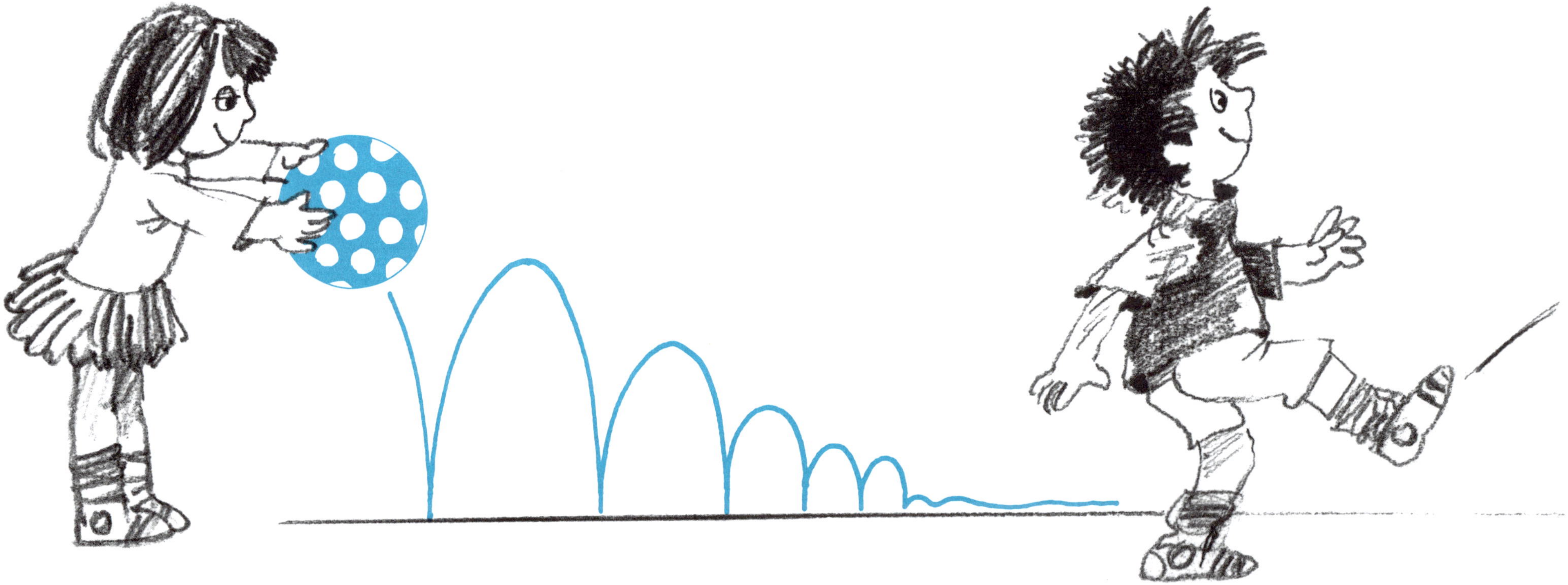

2. Sie hüpften über einen Berg,
das war ihr größtes Meisterwerk,
ihr größtes Meisterwerk.

Wie der Weg der Bälle, die davongehüpft sind, ausgesehen hat, können die Kinder auf diesen und den nächsten Seiten selbst einzeichnen.

3. Sie machten eine Rutschpartie
und landeten in Rimini,
hurra, in Rimini.

4. Dann sprangen sie ins Meer, o weh!
Jetzt schwimmen sie nach Übersee,
ade, nach Übersee.

4
Ein Mäus-chen wollt' spa - zie - ren gehn,
wollt' die Welt von o - ben sehn, la - la - la - la, la - la - la - la,
von ganz hoch o - ben sehn.

Text und Melodie: Ulrike Schrott

„Hoch" und „tief" kann man hören, singen, spielen, sehen, fühlen und mit dem ganzen Körper zeigen. Das „Auf" und „Ab", das „Höher" und „Tiefer" ist die Voraussetzung zum sicheren Notenlernen.

Sinnesschulung kann im Spiel und im Alltag geschehen. Wir sollten lernen, mit wachen Sinnen unserer Umwelt zu begegnen.

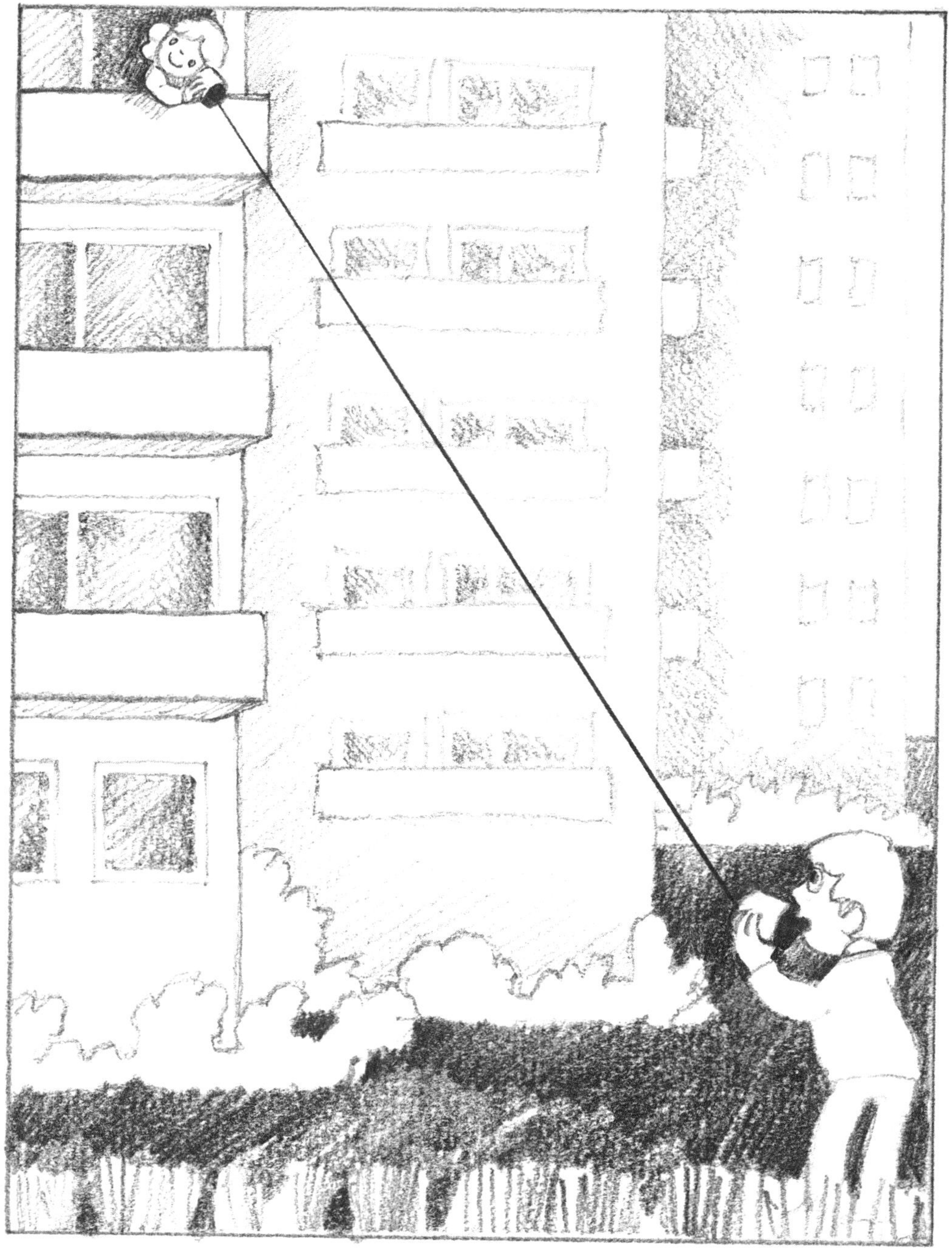

Die Stimme kann ganz unterschiedlich klingen. Wir versetzen uns in die gezeichneten Situationen und spielen sie.

frei (im Wortrhythmus)
Solo
Ich ken - ne ein Haus, das hat vie - le Zim - mer:
Alle
2
in gemächlichem Tempo
1. Im er - sten wohnt Herr Ma - ger, er singt so ger - ne Schla - ger:
2. Im zwei - ten hört man Gei - gen, sie spie - len ei - nen Rei - gen:
3. Im drit - ten hört man Flö - ten, Kla - vier spielt Fräu - lein Rö - ten:
4. Im vier - ten hört Frau Mal - zer im Ra - dio ei - nen Wal - zer:
Strophen 1 - 3
(Kinder „erfinden“ Haltungen, Bewegungen, Singarten und Silben, die der Textzeile davor entsprechen.)
3
Strophe 4

(Zeile öfter wiederholen, Instrumente dazunehmen, Walzer singen und tanzen.)

Text und Melodie: Hermann Regner

© B. Schott's Söhne, Mainz, 1984

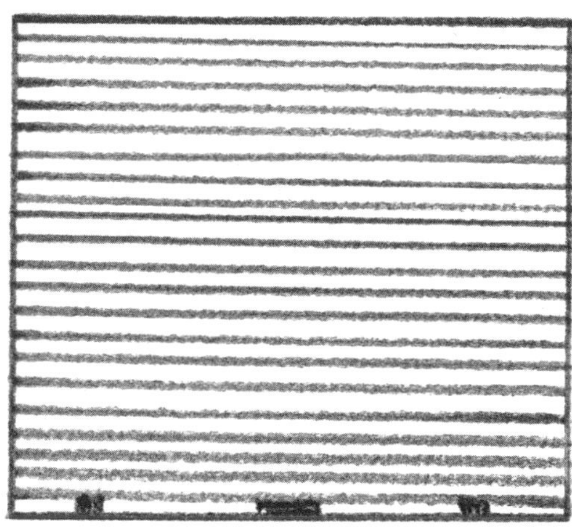

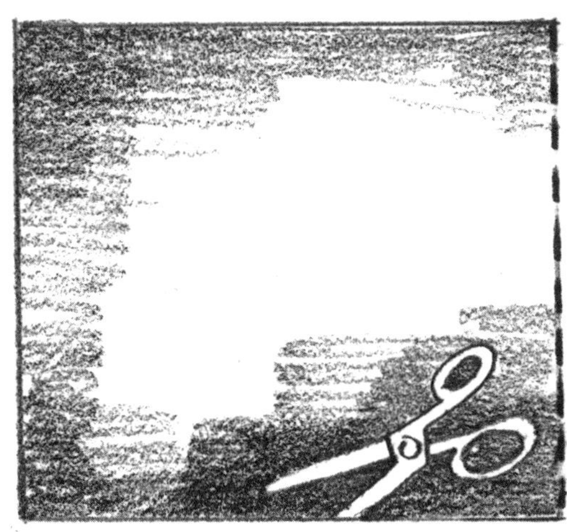

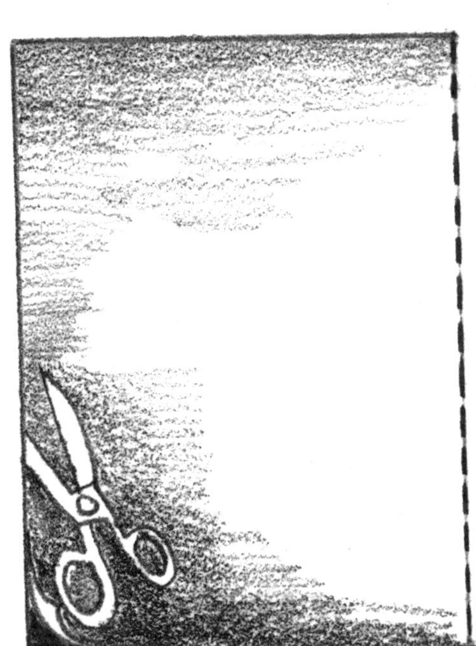

An den Linien vorsichtig aufschneiden. Dann kann man die Fenster auf S. 37 aufklappen und hindurch schauen.

In allen Wohnungen und Häusern gibt es „Hausmusik“. Man hört Musik, man singt oder spielt auf Instrumenten.

Rumpeldipum – Faß dreh dich um,
Rumpeldiglopf – krieg einen Kopf,
Rumpeldigarne – es wachsen die Arme,
Rumpeldifeine – und nun die Beine,
Rumpeldipanz – tanz, Faß, tanz!

Zu diesem Bild werden die Kinder den Eltern eine Geschichte erzählen.

4
1. Wir fahr'n heut' fort mit'm Om - ni - bus. Wir fahr'n heut' fort mit'm Om - ni - bus.
Wir fahr'n heut' fort mit'm Om - ni - bus. Wir fahr'n heut' al - le fort.

Text: Fredrik Vahle / Melodie: Woody Guthrie
© FOLKWAYS MUSIC PUB. CO. LTD
Rechte für Deutschland, Österreich, Schweiz und Osteuropa: ESSEX MUSIKVERTRIEB GMBH, HAMBURG

2. Der Fahrer kommt: Guten Tag, Herr Schulz!
Der Fahrer kommt: Grüß Gott, Herr Schulz!
Der Fahrer kommt: Wie geht's, Herr Schulz!
Wir fahr'n heut' alle fort.

3. Den Motor an: Brrrm, Brrrm.
Den Motor an: Brrrm, Brrrm.
Den Motor an: Brrrm, Brrrm.
Wir fahr'n heut' alle fort.

4. Die Hupe geht: Düüt, Düüt.
Die Hupe geht: Düüt, Düüt.
Die Hupe geht: Düüt, Düüt.
Wir fahr'n heut' alle fort.

5. Jetzt fahr'n wir immer schneller.
Jetzt fahr'n wir immer schneller.
Jetzt fahr'n wir immer schneller.
Wir fahr'n heut alle fort.

6. Jetzt kommen wir nach Hüpfenstein.
Jetzt kommen wir nach Hüpfenstein.
Jetzt kommen wir nach Hüpfenstein
und steigen alle aus.

Wir fahr'n heut' mit dem Fahrrad

ELTERNZEITUNG
3
MUSIK UND TANZ FÜR KINDER
ELTERNZEITUNG

In der Früherziehung sollen Kinder durch ein reiches und vielfältiges Angebot zum Lernen aus Neugierde und Freude angeregt werden. Die wichtigste Lernform des jüngeren Kindes ist das Spiel. Spielen und im Spiel lernen sind für das Kind eins, und das bewußte Lernen trennt sich vom Spiel nur sehr allmählich. Lernen muß immer lustbetont sein und darf nicht aus Pflicht geschehen.

Was lernen unsere Kinder?

Sie begegnen vorgebildeten Formen: im Lied, im Tanz, in der Sprache. Sie nehmen sie auf und lernen sie nachzuvollziehen, im Singen, im Tanzen oder Erzählen. Sie lernen Instrumente kennen und spielen und beginnen Töne zu entdecken und zu verstehen. Sie werden auf die Möglichkeiten ihrer Stimme, ihrer Sprache, ihres Körpers aufmerksam. Bei all dem sammeln sie sich einen Schatz an Liedern, Tänzen oder Geschichten, der nun ihnen gehört. So werden sie allmählich vertraut mit den Formen und Techniken vor Musik und Tanz und anderen Gestaltungsbereichen.

Die Kinder l
sich selbst
zerisch aus
mit anderen
Im Selbstma
ihre Phanta
Mitteilungs
dabei das
Früher
bishe
und

ernen jedoch auch,
musikalisch und tän-
zudrücken und dabei
in Kontakt zu treten.
chen erproben sie
sie und stillen ihr
bedürfnis. Sie wenden
an, was sie in der
ziehung und in ihrem
rigen Leben erfahren
gelernt haben.

Wenn wir Eltern das Lernen des Kindes mitmachen, wenn wir anregen, verstehen und bewundern, ist es noch viel mehr Ansporn und Freude für die Kinder.

SCHOTT

Best.-Nr. 7236-02

Bewegung und Tanzen

Hunger nach Bewegung: Er ist bei Kindern unstillbar. Bewegung ist ein tief-

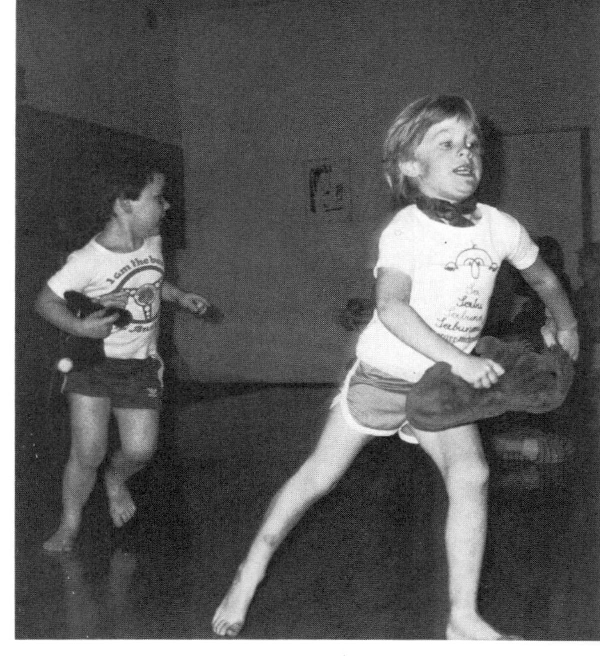

eingeborenes Bedürfnis, so notwendig wie Essen und Trinken. Bewegung ist lebensnotwendig für Kreislauf, Stoffwechsel und Wachstum. Durch sie lernen wir unseren eigenen Körper und seine vielfältigen Handlungsmöglichkeiten kennen - und natürlich auch unsere nahe und weite Umwelt mit all ihren Reizen. Und dann bringt die Bewegung auch noch Spaß und Vitalität - das wissen alle Kinder.

Umweltbedingungen: Die Lebensbedingungen unserer Kinder sind aber nur selten geeignet, ihren Bewegungshunger zu stillen: Denken wir an winzige Kinderzimmer, weit entfernte und oft trostlose Spielplätze, den gefährlichen Straßenverkehr, die "Stillsetzung" durch Fernsehen und Schule! Oft blockieren auch Verbote, Strafen und Einschränkungen das Bewegungsbedürfnis zusätzlich. In der Folge trifft man oft auf gehemmte, übergewichtige, krankheitsanfällige und auch verunsicherte Kinder, die sich selbst nichts zutrauen und die ihren plumpen Körper nicht mögen. Das andere Extrem ist Übermotorik bei Kindern, die aus zuviel Einschränkung entsteht und die, wenn sich Gelegenheit bietet, zu Exzessen des Tobens führt.

Wir Eltern und Lehrer müssen helfen, Situationen für Spiel und Bewegung zu s c h a f f e n , wenn die natürlichen Umweltbedingungen für die Bewegung der Kinder nicht mehr ausreichen. Darum stehen auf S. 5 dieser Zeitung einige Bewegungsspiele, die Eltern und Kinder zusammen ausprobieren können. Sie sind nur als beispielhafte Anregungen zu lesen für ein lustiges Miteinander zu Hause - mehr können sie nicht sein. Sport und Wandern sind andere bewegungsbetonte Aktivitäten, die man planen sollte.

In der Früherziehung spielt die Bewegung eine wichtige Rolle: Sie lockert die Kinder, sie macht sie körperlich frei und bereit, sich dann auch auf etwas Stilles zu konzentrieren.

Tanz und Rhythmus: Eine besondere Form der Bewegung ist das Tanzen. Sie ist für die musikalische Früherziehung natürlich auch besonders wichtig. Woher kommt das?

Fast alle gesunden Kinder auf der Welt sind anfällig für Rhythmen. Und es genügt ihnen nicht, sie nur zu hören: I h r e g a n z e P e r s ö n l i c h k e i t r e a g i e r t d a r a u f . Kinder nehmen Rhythmen in sich auf und bringen sie durch ihre Körperbewegung wieder zum Ausdruck. Sie erfinden auch selbst liebend gerne rhythmische Schrittfolgen und Bewegungsmuster auf Randsteinen, Treppen und Bodenplatten; sie probieren Raumwege und Geschwindigkeiten; sie drehen sich, bis sie schwindlig werden; sie springen und hüpfen und freuen sich, wenn jemand mitmacht.

Wenn Kinder sehr klein sind, tanzen sie den Butzemann. Später werden sie mit großer Sicherheit ihre Lieblingsstars imitieren und Jugendtänze erfinden. Dazwischen steht das gemeinsame Tanzen, in der Früherziehung wie in der Schule, das den Kindern die Erfahrung gibt, wie Bewegung auch planvoll gestaltet und "schön" sein kann.

Die Früherziehung wäre schlecht beraten, würde sie an der Freude der Kinder am Rhythmus, den sie in der Bewegung erfahren, vorbeigehen. Rhythmus verbindet Musik und Tanz und kann von den Kindern nicht besser als in der Bewegung erfahren und dargestellt werden.

Tanzen: Es ist eine ebenso alte und zeitlose Ausdrucksform wie das Singen. Tanzen ist nichts Niedliches für "kleine Mädchen", und es stimmt nicht, daß "echte Jungen" lieber Fußball spielen sollten! Es ist vollkommen in Ordnung, wenn auch Vater und Sohn heute Spaß am Tanzen haben. Es schadet bestimmt nicht, wenn auch "männliche Wesen" schon früh im Miteinander eines konkurrenzfreien Körperkontaktes sich erfahren.

MENSCH,
haben die Probleme.
ICH bin natürlich
ein MÄUSERICH!

Die Sache mit dem KKRRAACCHH!!

Warum ist ein Kind, das malt, eher zu akzeptieren und zu loben als ein hämmerndes? Das hämmernde zieht uns in Mitleidenschaft. Die Trommelleidenschaft des Kindes wird dem Erwachsenen zur Nervensäge. Wir können unsere Ohren nicht verschließen.

Aber auch Kinder können ihre Ohren nicht verschließen: Autos, Flugzeuge, Schlagbohrer, Schreibmaschinen, Streitgespräche, Musik im Kaufhaus, Kassengepiepse, Radio- und Fernsehklänge... Den ganzen Tag: KLÄNGE! Warum soll das Kind seine Ohren nicht ebenso gebrauchen wie seine Augen? Und warum soll es mit eigenen Klängen das, was es hört, nicht ebenso wiedergeben und erzählen wie es mit Worten uns mitteilt, was es in der Welt entdeckt hat? Wie soll es da die Mutter verstehen, die zu ihm sagt: "Mach doch nicht solchen Krach!"?

Wie ist das eigentlich mit dem Krach?

So, wie eine Mutter sagte: "Es gibt für mich nichts Schöneres als Kindergeschrei!" Oder so, wie viele, und nicht nur ältere Menschen klagen: "Warum machen diese Kinder nur so fürchterlichen Krach, es ist nicht zum Aushalten!"

leise - brav

laut - glücklich

leise und glücklich

...sind Kinder auch oft, doch merken es die Erwachsenen selten, weil es nicht weiter auffällt

laut und brav

...gibt's das überhaupt?

Wo sind hier die Vorurteile der Erwachsenen?

LAUT UND GLÜCKLICH

Ein Kind bemächtigt sich seiner Umwelt mit allen Sinnen, und die Welt dringt durch diese Sinne in das Kind ein. Um die Welt kennen und verstehen zu lernen, muß es auch mit allen Sinnen experimentieren dürfen - auch mit dem akustischen Sinn.

In der Früherziehung gehen die Kinder vor allem mit einem einfachen, aber vielseitig verwendbaren Instrumentarium um. Es entspricht ihrer Suche nach Klangerfahrung, ihrem Wunsch nach Ausdrucksmöglichkeiten und ihrer Spielfreude. Man kann laut und unbändig und leise und "hinhorchend" damit musizieren.

Fingerspiele mit der Tripptrappmaus

Sollte die Tripptrappmaus eines Tages bei Ihnen zu Hause ein besonders aktiver Gast sein wollen, kann es angeraten sein, sie an den Tisch einzuladen, wo gebastelt und gespielt wird.

Aus Papier entstehen die Mäuseohren.

Mit dem Filzstift werden Mäusegesichter auf die Fingerkuppen aufgemalt.

Man kann aber auch mit "Tütenmäusen" spielen, die es in zwei Größen gibt: um mit der ganzen Hand oder nur mit einem Finger hineinzuschlüpfen.
Auch alte Handschuhe könnten mit einfachen Mitteln bestickt oder beklebt und so in Spielfiguren verwandelt werden.

Literaturtip: Eine bekannte Geschichte eignet sich gut zum Spielen - gerade auch mit den beschriebenen Finger- und Handfiguren: *Frederick von Leo Lionni (Middelhauve-Verlag)*. Es ist die Geschichte von der Maus Frederick, die im Herbst vor allem Sonnenstrahlen, Farben und Wörter sammelt und während des Winters den anderen Mäusen damit Freude bringt.

MALEN IN DER FRÜHERZIEHUNG

So wie auf diesem Foto kann in der musikalischen Früherziehung öfter gemalt werden.

Die Kinder verarbeiten ihre Eindrücke malend gegen Ende der Stunde.

Das Malen ist spontaner Ausdruck dessen, was ein Kind in der Stunde erlebt hat.

Gedanken einer Lehrerin

Es ist mir nicht so wichtig, daß "Gemälde" entstehen. Mir erscheint es für das Kind, die Gruppe und den Lehrer notwendiger, daß Erlebnisse der Kinder malerisch zum Ausdruck kommen.

Die Kinder haben bei mir oft die Möglichkeit, am Ende der Stunde eine kleine Weile - wie lange, das hängt von der Unterrichtszeit und vom Thema ab - ihre Eindrücke von dem, was sie gerade erlebt haben, zu gestalten. Sie genießen die Zeit, die sie "für sich" und ihre Zeichnung haben. Das Alleinsein beim Malen wechselt bei ihnen allerdings auch mit dem gemeinsamen Gespräch ab:"Was machst Du? Was will ich machen?", und natürlich schauen sie sich die Bilder der anderen Kinder an.

Für mich bedeutet diese Zeit, daß ich mich intensiver mit den einzelnen Kindern beschäftigen kann. Ich kann ihnen in Ruhe zuhören und ebenso darauf antworten.

> *Ich denke zum Beispiel an einen kleinen Jungen, der durch das Glockenlied "Bim-bam, die Glocke schwingt", das im 1. Kinderheft "Der Musikater" auf S. 34/35 steht, noch einmal ganz intensiv an den Tod seiner Großmutter und das damit verbundene Beerdigungszeremoniell erinnert wurde. Ich wunderte mich schon die ganze Stunde, warum er so still und in sich gekehrt war, auch gar nicht sprechen mochte. Erst als er gezeichnet hatte, war er dazu bereit, und dann entstand ein gutes Gespräch mit mir und sogar mit den anderen Kindern.*

Manche meiner Kinder brauchen eine längere Anlaufzeit, um malen zu wollen. Das hat nach meiner Erfahrungen zumeist einen der folgenden Gründe:

- Die Kinder malen zu Hause wenig.
- Manche glauben, "schön" malen zu müssen - vielleicht, weil sie auch sonst dazu angehalten werden.
- Einige haben keinen Mut mehr zum Malen, weil ihre Bilder als Gekritzel abgewertet wurden.
- Andere Kinder wurden öfter von Erwachsenen gebremst, die ihre Gebilde nicht erkennen konnten und die die Kinder damit verunsichert haben.

Wichtig erscheint mir, die Kinder selbst über ihre Bilder sprechen zu lassen. Dies wird uns helfen, daß wir uns in ihre Phantasie besser einfühlen können. Jedes Kind wird die "Hexe" aus dem Kinderheft anders erleben und anders malen.

Ermutigen Sie Ihr Kind zum Malen. Geben Sie ihm einfache Materialien, und <u>bitte</u>: kritisieren Sie es nicht.

Rudolf Seitz: Zeichnen und Malen mit Kindern, vom Kritzelalter bis zum 8. Lebensjahr. Don Bosco Verlag, München.

Diese Hexe unbekannt

hat der Zeichenstift gebannt.

FLATTER-DI
SCHNATTER-DI
ZUNG!

DIE SCHLANGE FLIEGT, DER ZAUBER IST GELUNGEN!

Da macht es nichts aus, wenn die Hexe einen gar langen Hals hat.

Viel wichtiger ist sicher: Die Hexe trägt einen schönen, lustigen und - im Original - bunten Rock, und dazu scheint noch die Sonne. Ja, auf einmal braucht man vor der Hexe keine Angst mehr zu haben.

"HALT DICH GERADE!" hilft leider nichts.

Lehrer von Früherziehungsgruppen müssen immer häufiger feststellen, daß die Haltung der Kinder auffällig ist, daß auch schon Haltungsschwächen und Haltungsfehler vorkommen. Sie werden mit den Eltern über ihre Beobachtungen sprechen und mit ihnen gemeinsam nach Lösungen suchen.

Was bedeutet "Haltung" eigentlich?

Schon längst nicht mehr eine starre Körperform nach dem Motto: "Bauch rein, Brust raus!", sondern ein veränderliches, in jedem Augenblick neu zu erringendes Gleichgewicht unserer gesamten Persönlichkeit. Man kann dabei von Kräften sprechen, die uns nach unten ziehen, und solchen, die uns aufrichten und "halten". Da ist einerseits die Schwerkraft, unser Gewicht, das von schwachem Stützgewebe nicht ausreichend getragen werden kann. Nach unten ziehen uns aber auch Müdigkeit, Überlastung, Mutlosigkeit oder Überforderung. Andererseits sorgen für die Aufrichtung ein kräftiges Stützgewebe, Spannkraft, Lebensfreude, Mut, Wachheit oder auch Neugier.

Die Extreme von "schlechter Haltung", nämlich Schlaffheit und Über-Spannung, werden durch Gewöhnung und Einübung verstärkt. Schlechtes Schuhwerk, schlechte Sitzhaltung, lange Unbewegtheit, zu viel und zu wenig aufbauende Ernährung und mangelnde Bewegungsreize tragen sehr wesentlich zu Haltungsstörungen bei.

Was die Sprache sagt:

Immer ist die Haltung des Menschen ein körperlich-seelischer Ausdruck: "Mach nicht schlapp!", "Laß den Kopf nicht hängen!", "Er hat den Boden unter den Füßen verloren" oder aber "Das ist eine aufrechte Person", "Der steht mit beiden Beinen auf dem Boden".

Haltung des Kindes :

Wenn sich die Haltung unseres Kindes verändert, ist das ein Warnzeichen. Die Haltung signalisiert uns, wie es dem Kind geht, ob es sich einer Sache "gewachsen" fühlt, ob es überfordert und traurig ist – daß es also unsere Hilfe braucht.

Sie kann im Gespräch geschehen. Wichtig zuvor ist aber die sorgfältige Überlegung, welche Faktoren die Haltung beeinflußt haben. Ernährung, Schuhwerk, Kleidung, ausreichende und lustvolle körperliche Betätigung, Zurechtkommen in der Schule sind Ansatzpunkte. Wenn sich die Probleme des Kindes bereits in seiner Körperhaltung niedergeschlagen haben, dann hilft nur viel konsequente Übung, die Spaß, Bestätigung bringen und in ihrem Zweck verstanden sein muß. Und vor allem viel Geduld, Bestärkung und Beharrlichkeit der Eltern.

Themen aus dem Unterricht

1. Verkleiden im Fasching - oder irgendwann

Haben Sie schon eine Verkleidekiste zu Hause? Ein paar Schals, Unterröcke, lange Röcke, Handschuhe, Kragen sollten drin sein, vielleicht dazu ein alter Lippenstift und ein paar verrückte Ohrringe oder Ketten. Das ist alles, was man für wunderbare Spielstunden braucht. Was den Kindern alles einfällt, wie schnell sich Geschichten spinnen lassen, welche Wandlungsfähigkeit in Stimme, Haltung und Bewegung sie finden! Wenn die Kinder danach fragen - legen Sie auch Tanzmusik dazu auf.

2. Aus Geschichten Hörspiele machen

Im Kinderheft steht die schöne Geschichte vom Mann auf der Vendôme-Säule. Im Unterricht haben die Kinder mit ihrem Lehrer alle Geräusche, die in der Geschichte vorkommen, mit Stimme und Instrumenten selbst gemacht: das sanfte Rauschen des Regens, den lauten Donner, den Blitz, den Schnee, die Sonne. Wenn Ihr Kind es will, sprechen und spielen Sie die Geschichte zu Hause, so oft es Spaß macht.

Es gibt aber auch viele andere Geschichten, die man gut zu einem Hörspiel gestalten kann. Sie erzählen sie, und gemeinsam mit den Kindern überlegen Sie, wie man dazu "musizieren" könnte. Wahrscheinlich wollen Ihre Kinder sehr bald ihre eigenen Hörspielversuche zu ihren Lieblingsgeschichten machen.

3. Im Wald wohnt eine Hexe

Eltern fragen: Müssen denn "Hexen" auch noch im Unterricht vorkommen? Verzaubern - Angstmachen - Vorurteile - Diskriminierung (Hexen sind immer Frauen!) - ist das alles notwendig? Müßte die musikalische Früherziehung nicht auch ohne solche "Schauergeschichten" auskommen?

Gewiß, man könnte auf die "Hexe" verzichten und so ein heute heikel gewordenes Thema umgehen. Aber der Streit - Hexe oder nicht - wäre damit nicht gelöst, sondern nur verdrängt. Warum taucht die Hexe in der Früherziehung auf?

Hexe, Hexer, Zauberer, Monster oder Gespenster sind Personifizierungen von Ängsten. Auch ohne Zutun Erwachsener haben Kinder diese Ängste, und ohne Erwachsene werden sie auch immer Situationen spielen, die ihnen Angst bereiten. Denn das hilft den Kindern: Sie bringen diese Angst damit nach außen, und das ist gut: Nun können sie die Angst sehen, spüren machen, dosieren und auch über sie reden.

Im Unterricht kommt noch eine wichtige Erfahrung dazu: Kinder, die die Hexe spielen - und das wollen fast alle - erhalten für eine kleine Weile eine besondere Macht. Sie können verzaubern und mit dem Zauber, den sie sich ausdenken, etwas Gutes, Böses oder Komisches bei den anderen Kindern bewirken. Aber sie müssen diese Macht auch sehr bald wieder an andere Kinder abgeben. Schnell finden sie heraus, daß es einem selbst schlecht bekommt, wenn man mit seiner Zaubermacht zu verrückt umgeht - man muß es meist bei der nächsten Hexe selbst ausbaden. Ein solches Hexenspiel lehrt also die Kinder, im Spiel auch an dessen Wirkungen zu denken.

Allgemeine Hinweise zum Unterrichtswerk "Musik und Tanz für Kinder"

Es ist ein 2-jähriger Unterricht vorgesehen, doch ist jedes Unterrichtsjahr für sich abgeschlossen. In jedem Jahr gibt es 2 Kinderhefte und 4 Elternzeitungen.

Es gibt kein "Unterrichtsprogramm". Der Unterricht soll sich flexibel an die Kinder und die jeweilige Situation anpassen. Jeder Lehrer unterrichtet an einem "roten Faden" entlang so, wie er es für seine Gruppe am besten ansieht.

"Musik und Tanz für Kinder" wird herausgegeben von Barbara Haselbach, Rudolf Nykrin, Hermann Regner. Mitarbeiter/Autoren für das erste Unterrichtsjahr sind Elsbeth Hörner, Manuela Keglevic, Christine Perchermeier, Petra Sachsenheimer, Ulrike Schrott, Hermann Urabl. – Koordination: Rudolf Nykrin. – Grafik: Joachim Schuster.

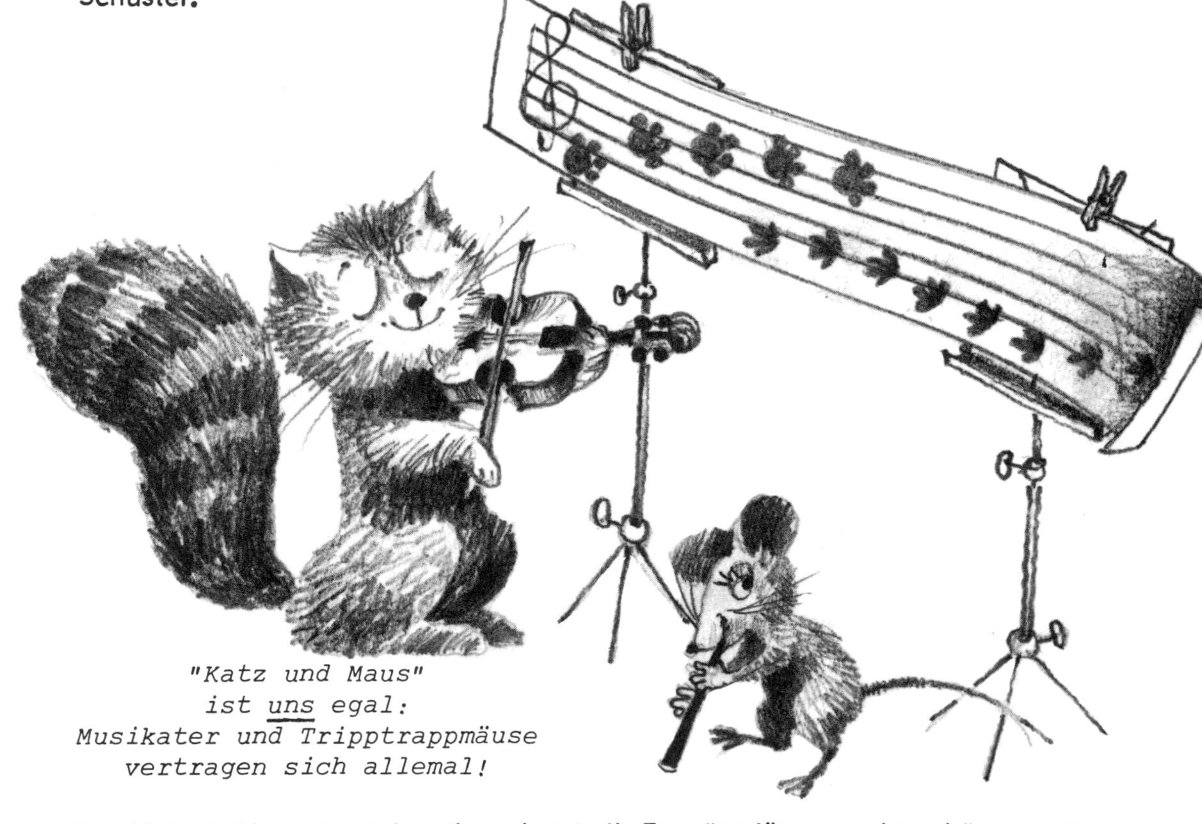

"Katz und Maus"
ist uns egal:
Musikater und Tripptrappmäuse
vertragen sich allemal!

Das Unterrichtswerk wird weiterentwickelt. Es wäre für uns sehr schön, wenn einzelne Eltern etwas, das sie im Zusammenhang von "Musik und Tanz für Kinder" für besonders erwähnenswert halten, uns schriftlich mitteilen würden. Eine lustige oder nachdenklich-machende Episode zum Beispiel. Oder ein Bericht über besondere Aktivitäten im Elternhaus. Auch alle Tips von Eltern, die uns neue Anregungen geben, sind freundlich erbeten.

Sie finden Kontakt zu den Autoren des Unterrichtswerks über:

"Musik und Tanz für Kinder"
c/o Orff-Institut, Frohnburgweg 55, A 5020 Salzburg.

SCHOTT

MUSIK UND TANZ FÜR KINDER

ED 7236 Kinderheft 2 (2. Halbj.) „Die Tripptrappmaus" mit Elternzeitungen 3 und 4, kpl.

Bei Nachbestellung von Einzelexemplaren:

ED 7236-01 Kinderheft 2
ED 7236-02 Elternzeitung 3
ED 7236-03 Elternzeitung 4

ISMN M-001-07577-0

9 790001 075770

ISBN 3-7957-5137-3

9 783795 751371

ELTERNZEITUNG
4
MUSIK UND TANZ FÜR KINDER
ELTERNZEITUNG

Ein Jahr mit "Musik und Tanz für Kinder" nähert sich dem Ende. Der Unterricht sollte vielseitige Erfahrungen gebracht haben:

Die Kinder *sollten jetzt mit verschiedenen Instrumenten vertraut sein, gerne singen, spielen und darstellen, sich bewegen und tanzen. Sie sollten einiges von den Grundbegriffen der Musik wissen und bereit sein, sich genauer mit der Notation zu beschäftigen. Sie sollten gerne und selbständig zum Unterricht gehen.*

Die Eltern *sollten sich eine Vorstellung vom Lernen ihres Kindes gebildet haben und wissen, wieviel sinnvolle Anregungen es in jenem weiten Erfahrungsfeld gibt, das mit den beiden Wörtern "Musik und Tanz" umrissen wird.*

Am Ende dieses ersten Jahres ziehen Lehrer und Eltern Bilanz. Manche Erwartungen wurden erfüllt, andere bleiben bestehen. Natürlich war zu wenig Zeit zur Verfügung - das werden alle feststellen, und so fehlt dem einen jetzt *dies*, dem anderen *das*. Man hätte sich die Vertiefung mancher Themen gewünscht. Worauf hätte man verzichten sollen?

"Musik und Tanz für Kinder" legt den Schwerpunkt auf die frühe und vielseitige Anregung der Kinder. In der Vielseitigkeit des Tuns kann sich am ehesten das entdecken, was am Ende stehen soll: das besondere und begründete Interesse eines Kindes an Musik und Tanz.

Alles, was die Kinder erfreut und engagiert miterlebt haben, wird ihnen als positives Gut verbleiben. Was das Kind daraus macht, hängt von vielem und von vielen ab, und das Ergebnis wird sich nicht gleich am nächsten Tag zeigen.

Printed in Germany · BSS 45 688

Best.-Nr. 7236-03

SCHOTT

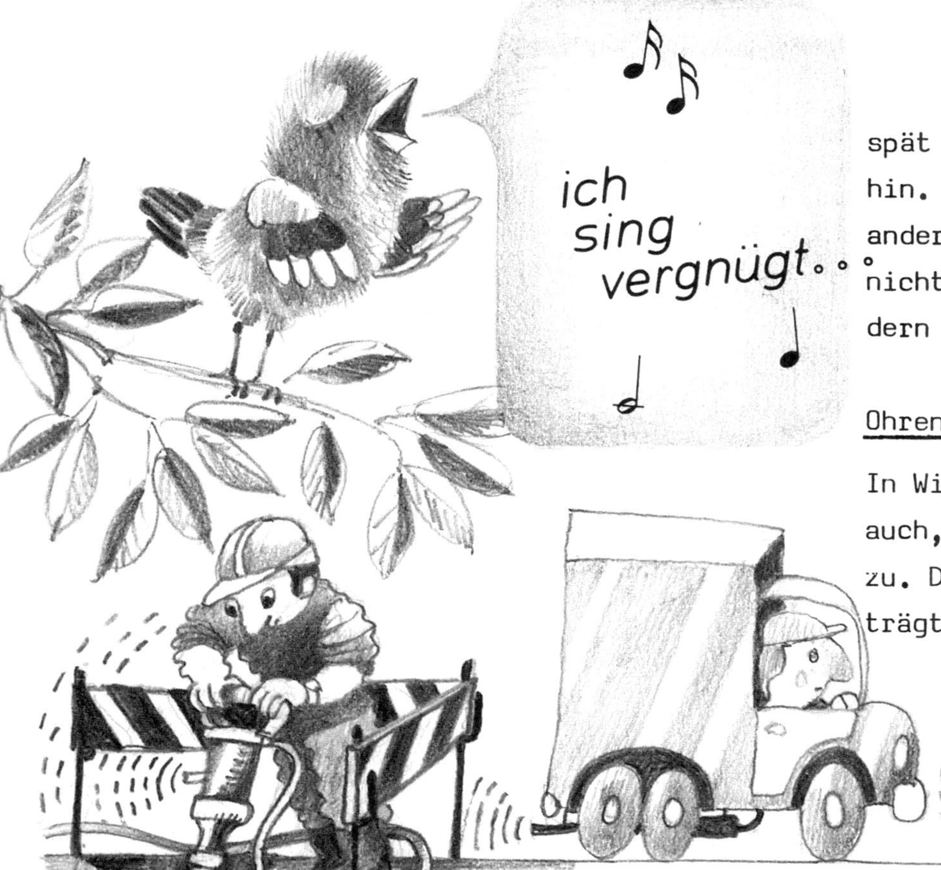
ich sing vergnügt...

Von der Kunst des Zuhörens

Väter und Mütter fragen: "Kannst du nicht hören, was ich dir sage?" Kinder werden ungeduldig: "Mutti, hör mir doch mal zu!" Zuhören-können ist eine große Kunst. Und wie jede Kunst muß man auch das Zuhören lernen und üben.

Die Welt, in der wir leben, ist immer lauter geworden. Viele von uns haben das Weghören gelernt. "Ach, die Musik? Die hör ich gar nicht." So eine Antwort kann man bekommen, wenn man eine Verkäuferin im Supermarkt danach fragt. In Geschäften, Verkehrsmitteln und Restaurants läuft ebenso wie in manchen Wohnzimmern, Küchen und Kinderzimmern von früh bis spät irgendeine Musik. Keiner hört hin. "Man hat ja wirklich etwas anderes zu tun!" - Es liegt oft nicht am Nicht-hören-können, sondern am Nicht-hören-wollen!

Ohren kann man nicht "abschalten"

In Wirklichkeit hört der Mensch auch, wenn er meint, er höre nicht zu. Die Stimmung der Musik überträgt sich auf ihn. Die Ohren kann man nicht "abschalten" wie die Augen, sie funktionieren Tag und Nacht und informieren uns über die Vorgänge in der Welt rund um uns. Forscher haben das getestet. Sie haben Schlafenden über Kissenlautsprecher Musik zugespielt und ihre Biosignale gemessen. Dabei wurde offenkundig: Das Vegetativum, unser unbewußt regelndes Nervensystem, reagiert auch auf Musik und Geräusche, wenn wir schlafen und uns nachher überhaupt nicht mehr an die Musik erinnern. Musik beschäftigt also unser Gemüt und unser Vegetativum, ohne daß wir es wissen.

Vielleicht ist "Hintergrundmusik", die wir immer öfter über uns ergehen lassen, gar nicht so ungefährlich?

weil
es dich
gibt!

Hören - horchen - gehorchen

Die deutsche Sprache kennt viele Wörter, die mit dem Vorgang des Hörens zu tun haben. *Zuhören* ist intensiver als *hören*. Um die Instrumente, die da spielen, zu erkennen, muß man genau *hinhören*. Eine leise, feine Musik höre ich nur richtig, wenn ich ganz konzentriert auf sie *lausche*. Hören - horchen: gehört nicht

auch das Wort *gehorchen* in diese Reihe? Gehorchen heißt: bereit zu sein zu horchen, heißt Sich-etwas-gesagt-sein-lassen - von einem Menschen oder von der Musik.

Musik kann man hören lernen

Mit Musikhören ist vorläufig gar nicht gemeint, daß alle Menschen die Einsätze einer Fuge heraushören lernen müssen oder die Modulation von einer Tonart in eine andere. In erster Linie müssen wir einfach (wieder) lernen, uns der Musik zuzuwenden. Bei kleinen Kindern kann man erstaunt erleben: Plötzlich dreht das kleine Hänschen den Kopf und lauscht, aufmerksam, erfreut. Erst jetzt registrieren wir, daß ein Vogel gerufen hat. Natürlich haben wir es gehört. Nur beachtet haben wir es nicht.

Musik beachten, sich ihr zuwenden, heißt:

- die Zeitung (auch diese "Elternzeitung") weglegen - leise sein - die Aufmerksamkeit auf die Musik richten;
- wenn das Interesse nachläßt, wenn Störungen eintreten - die Musik abschalten.

Wer Musik erleben will, muß das aufmerksame, nicht angespannte, sondern wache und gelassene Zuhören üben. Dazu ist es für uns nie zu spät. Aber es ist auch für die Vier- und Fünfjährigen nicht zu früh.

Das Wichtigste dabei ist: Musikhören ist eine *Haupt*beschäftigung. Man kann nicht nebenbei Karten spielen, Abendessen, vom Geschäft erzählen.

Und was ist mit der "Musik zum Bügeln"?

Es gibt allerdings Musik, die gar nicht den Anspruch erhebt, genau angehört zu werden. Manche Unterhaltungsmusik scheint ihren Namen nicht nur davon zu haben, daß sie unterhalten soll, sondern auch davon, daß sie eine Unterhaltung nicht stört.

Der Rundfunk sendet Musik "zur Teestunde", "Musik zum Träumen" oder bringt Musik in der Sendung "Munter in den Morgen". So eine Musik bleibt meistens an der Oberfläche, hat kaum Tiefgang und gibt uns keine Rätsel auf. Sie macht beschwingt, und vielleicht hört man sie deshalb gerne - zum Beispiel beim Bügeln oder beim Autowaschen.

Es gibt noch viel Musik zu entdecken

Andere Musik klingt für uns sperrig. Stammt sie aus vergangenen Zeiten? Kommt sie aus einem anderen Land? Musik, die sich uns nicht auf der Stelle erschließt, will *er-hört* werden in ihrem Zusammenhang von Text, Melodie, Harmonie, Rhythmus und Metrum. Das geht nicht "nebenbei". Ihre volle Wirk-lichkeit erlangt viele Musik erst, wenn sie einen Zuhörer findet, der ihr gerecht wird: der mit Sinnen, Verstand, Erfahrung und gutem Willen auf sie eingeht.

Auf diese Weise Musik zu entdecken führt dann auch von selbst zu einem Gespräch mit Mithörern: Wie klingt die Musik? Wie wirkt sie auf mich, wie auf dich? Wie ist sie gemacht? Möchten wir das Stück nochmal hören, besser kennenlernen?

Kinder lernen vor allem durch das Vorbild. Wie ist es mit unseren Musikhörgewohnheiten? Sollten wir sie - den Kindern zuliebe - ändern?

Zum Lesen und Darüber-Sprechen

Rudolf Nykrin

Der Vogel im Wald

"Brrrmmm, brmmmmm". Ich steige auf mein Motorrad und sause los. "GRRRRRmmmmm, mrmrmrmrmrmrmrm". Ich steige ins Auto und fahre dir nach. Heute sind wieder alle unterwegs. Familie Käsemann und die lauten Meiers vom Nachbarhaus sind auch dabei, die anderen kennen wir nicht. Alle fahren raus aus der Stadt. Die große Straße raus. "Tüüüüüüüüüüüt - STOPPP!"

"Brrrmmmm, brmmmmm", weiter geht es. Wir biegen ab. Stellen das Auto am Parkplatz ab, laufen dann zu Fuß auf kleinen Wegen in den Wald. Viele Schritte gehen wir. Bald wird es leiser um uns. Manchmal hören wir noch von ferne Autobrummen, sonst ist es still. Es ist still.

So still. Sind wir taub geworden? Wir bleiben erschrocken stehen, unter einem großen Baum. Machen unsere Ohren weit auf und horchen. Ob die Ohren noch funktionieren?

Ja, wir hören etwas, aber kein Autobrummen mehr und kein Motorradknattern. Leise und feine Klänge sind jetzt zu hören - Klänge, die unsere Ohren schon fast vergessen haben: ein Ast knarzt, Blätter rauschen, der Wind bewegt sich in den Blättern. Bald hören wir im Baum einen Vogel singen:

"Hör zu, sing mit, ziwitt, ziwitt!"

*

Einmal ist ein Junge im Wald gewesen, der hat den Vogel auch gehört und hat mit ihm gesungen. Da ist der Vogel zu ihm heruntergeflogen, und die beiden haben sich in der Vogelsprache etwas erzählt. Was das war? Ich weiß es nicht, denn ich bin nicht dabeigewesen.

Am Schluß hat der Junge den Vogel gefragt: "Kommst du mit in die Stadt? Du könntest mir schon zum Frühstück etwas vorsingen!"

"Nein, das geht nicht", sagte der Vogel. "Im lauten Stadtlärm kann ich nicht leben. Ich kann mir dort selbst nicht mehr zuhören und würde meine Stimme verlieren."

"Was sollen wir machen?", fragte der Junge traurig.

"Mach das gleiche wie heute", antwortete der Vogel. "Es gibt nur diesen Weg: Besuch mich hier im Wald, du kannst bleiben, solange du magst. Ich werde auf dich warten. Aber das Auto müßt ihr draußen auf dem Parkplatz lassen."

Eltern und Kinder gestalten

Das Tonband als Aktivinstrument!

Wahrscheinlich haben Sie ein Tonband zuhause, vielleicht hat schon Ihr Kind einen eigenen Kassettenrecorder. Auf diesen Geräten kann man nicht nur wiedergeben, sondern auch etwas aufnehmen.

Wir vertonen eine Geschichte oder ein Bilderbuch

Man muß die Geschichte gut kennen und sich zuvor einen groben Plan machen, in welcher Weise man Klänge und Musik einsetzen will. Außerdem müssen die Musikinstrumente - und damit ist hier alles gemeint, was Klänge hervorbringt! - bereitliegen. Dann kann es losgehen.

Welche Klänge vorkommen, ist nur von der Geschichte aus zu entscheiden. (Die Anregungen rund um diesen Text können nur die Sinne dafür schärfen, wieviele Möglichkeiten es gibt, Geschichten "zum Klingen" zu bringen!)

Ansonsten kann man vor oder nach größeren Abschnitten Musik machen. Vielleicht am Anfang eine gepfiffene oder gesummte Ouvertüre? Man kann auch manche Textteile singen!

Die Aufnahme können Sie zusammen mit Ihrem Kind gestalten. Die vertonte Geschichte kann aber auch ein Überraschungsgeschenk von Ihnen an Ihr Kind sein.

Lautmalende Wörter: klopfen, tropfen, ticken, tappen, zwitschern, zirpen, meckern...

Alles kann klingen: Papier, Gummi, Glas, Porzellan, Holz ...

... und damit vor dem Mikrophon experimentieren.

Stimmungen mit Klängen malen:
- geheimnisvolle
- erfreut, gut gelaunt
- Schreck!

Klangvolle Wörter und Silben einbauen: Kuii! mau! Brrr! Pfff! Brmm!

Stimmgeräusche: krächzen, husten, piepsen, ...

Geräuschhafte Vorgänge: Blätterrascheln, Specht im Baum, Hubschrauber, Wind, Schritte...

Eine Tonband-Wanderung

Wenn Sie ein tragbares Tonbandgerät (Batterie oder Akku) haben, können Sie es auch auf einen Spaziergang mitnehmen und das, was Sie hören, in Ausschnitten festhalten: Zusperren der Wohnungstüre, Laufen auf der Treppe, Fahrradklingeln oder Autostart, Rennen auf Schotterboden, Sprechen, Singen...

Dieser Spaziergang wird zu Hause noch einmal nacherlebt.

KUNSTSTÜCKE - ELTERN MIT KINDERN

FLIEGER - am Rücken liegen, die Knie angezogen. Das Kind legt sich auf Ihre Unterschenkel und schwebt...

FLIEGER MIT ANLAUF - ist ein bißchen schwieriger (zuerst auf weichem Teppich üben und Füße möglichst stark beugen).

KAMELREITER IN DER WÜSTE - Sie sind natürlich das geduldige oder vielleicht auch widerborstige Reittier und laufen auf allen Vieren. Das Kind setzt sich so weit nach hinten, daß es noch nicht abrutscht (auf Ihre Beckenknochen).

ZIRKUSREITER - zuerst kniet das Kind auf Ihrem Rücken, später steht es vorsichtig auf. Ein größeres Kind oder ein Erwachsener sollte Hilfestellung für den schwankenden Reiter machen!

ROLLZWIEBEL - Ihr Kind sitzt zwischen Ihren Beinen, Sie umfassen es eng. Nach rechts und links schaukeln, dann kippen und zur Seite fallen lassen. Auch über den Rücken rollen und - uff! - auf der anderen Seite wieder hochkommen.

SCHLANGENANGELN - Jedes Beinpaar versucht ein Bein des anderen zu "schnappen". Gefahr: Lachkrampf! - Wer beide Beine schnappt, ist Sieger und darf das nächste Spiel bestimmen.

GRUNZ-QUIETSCH-SCHAUKEL - Sie liegen am Boden, Ihr Kind ausgestreckt auf Ihnen. Das Ganze schaukelt hin und her und erzeugt dabei mit dem Mund Töne. Man kann es so machen, daß beide die gleichen Töne hervorbringen, oder auch so, daß der eine immer etwas Gegensätzliches machen muß.

Viel Spaß und nicht allzuviel Muskelkater!

Spielzeug und Musikinstrumente - ein nachdenklicher Vergleich

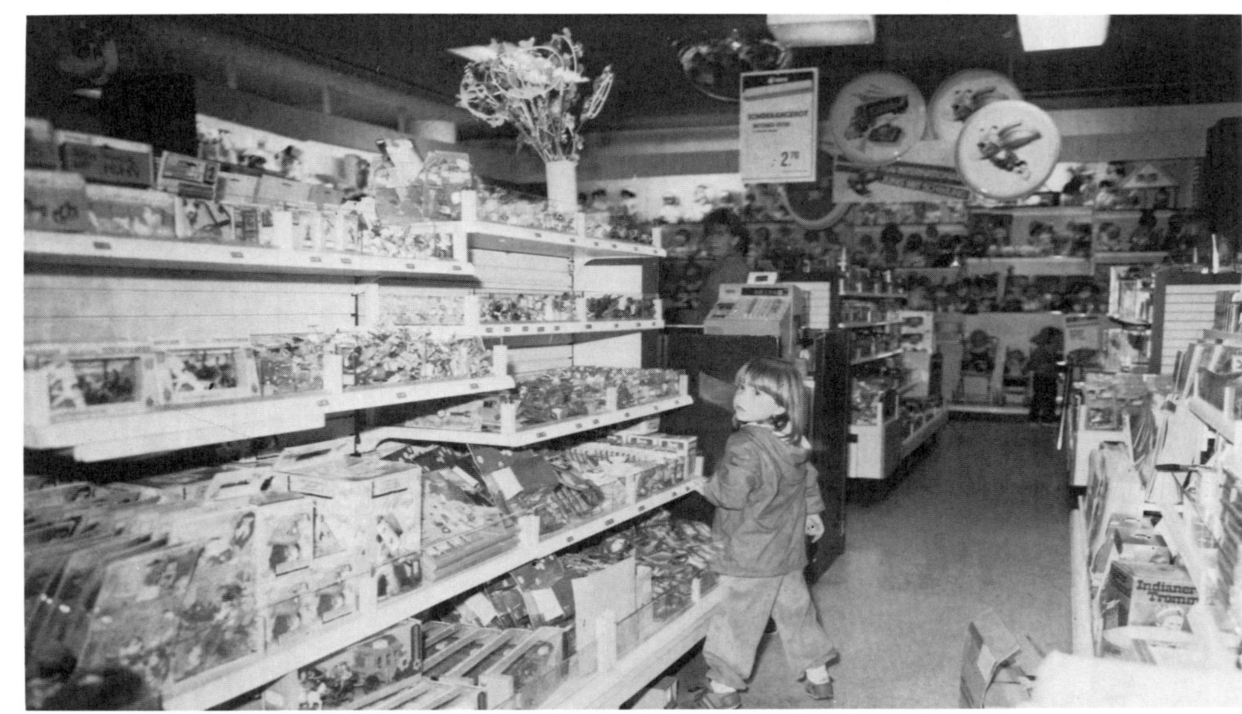

Spielzeug...

Die Industrie überschwemmt uns mit Angeboten. In den Spielzeugabteilungen von Kaufhäusern und Supermärkten gehen uns die Augen über. Plüsch und Plastik, Ritter und Roboter, Spielzeug für Herz und Verstand, mechanisches und elektrisches Spielzeug konkurrieren miteinander. Sollen wir die Puppe mit eingebauten Motoren und Sprechprogramm oder eine der alten Handpuppen des Kasperletheaters kaufen?

Wie können wir Erwachsenen uns durch das Riesenangebot hindurchfinden?

Zwei Bestimmungen für Spielzeuge sind besonders bedenkenswert:

(1) Spielzeuge müssen die Tätigkeitsbedürfnisse von Kindern befriedigen, ihre speziellen Aktionsweisen, ihre uns oft überraschende Phantasie, ihren handgreiflichen Umgang.

Die vielseitigsten und wahrscheinlich deshalb zeitlosesten aller Spiel-zeuge genügen allein dieser ersten Erfordernis: *...Sand, Lehm, Ton, auch Farben, Plastilin und Bausteine (aus Holz oder Plastik).* Alle diese Materialien sind völlig frei verfügbare Stoffe für das Gestalten des Kindes. Die Kinder können dem Material sagen, was es sein soll, und alles ist möglich.

(2) Andere Spielzeuge sind interessant, weil sie etwas aus der Umwelt darstellen, die die Kinder umgibt oder nach Meinung der Erwachsenen umgeben sollte.

Kran und Bohrmaschine, Postkutsche und Rennauto, Ritterschloß und Weltraumstation sind neben tausend anderen Spielzeugen gemeint. Sie sollen helfen, daß Kinder die Wirklichkeit kennenlernen. Das Spielzeug soll sie ihnen zugänglich, greifbar, durchlebbar, vorstellbar, verständlich machen.

Alle guten Spielzeuge <u>*müssen*</u> die erste Bedingung erfüllen - der zweiten <u>*können*</u> sie entsprechen.

<u>Musikinstrumente...</u>

Musikinstrumente für Kinder kann man mit Spielzeugen vergleichen. Als solche werden sie auch vielfach eingeschätzt. Das sieht man schon daran, daß in den Kaufhäusern die Instrumente der Spielzeugabteilung angeschlossen sind. Wir finden heute dort nicht nur Miniorgeln aller Preislagen, sondern auch Flöten, Klarinetten, Trompeten oder Saxophone aus Plastik, Trömmelchen verschiedener Bauart und Stabspiele. Wir sehen also auch viele Instrumente, die jenen des "elementaren" Instrumentariums ähneln, das in unserer Früherziehung verwendet wird!

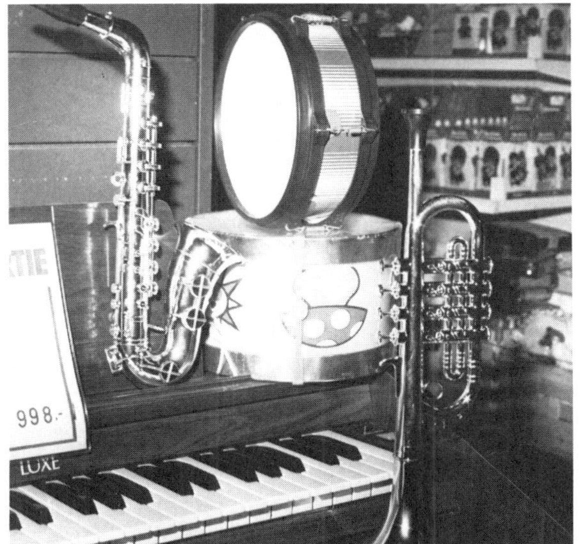
998.-
LUXE

Fotos von H. J. Kropp

Kinderinstrumente werden häufig in bunten, ansprechenden Farben angeboten. Auch hier kann uns die Auswahl schwerfallen. Doch wenn wir fragen, wie Instrumente für jüngere Kinder beschaffen sein müssen, können wir uns auf die gleichen Grundanforderungen beziehen, die für Spiel-zeug ganz allgemein gelten.

(1) Auch Musikinstrumente müssen also den besonderen Tätigkeitsformen der Kinder entgegenkommen!

Sie müssen ihre Lebendigkeit berück-

sichtigen, ihre Lust an der Bewegung sowie die körperlichen Voraussetzungen (Halten, Greifen). Die Instrumente müssen auch stabil sein.

(2) Zweitens müssen die Instrumente Grunderfahrungen mit der Musik ermöglichen.

Sie sollen also erfahrbar und einsichtig machen, wie Klänge entstehen und wovon die Klangentstehung abhängig ist, wie man Klänge gestalten und kombinieren kann.

Mini-Orgeln (alle elektronischen Orgeln) lassen eine Klangveränderung, die wirklich durch das Kind selbst vorgenommen wird, nicht zu. Ein Knopfdruck oder das Hochschieben eines Reglers ersetzen nicht die Erfahrung, daß bei stärkerem Anschlagen oder Anblasen ein Klang lauter wird. Die Klangformung bleibt dem Kind etwas grundsätzlich Fremdes!

Den gestellten Anforderungen genügen in erster Linie die "elementaren" Instrumente, sofern sie von guter Bauart sind. Dieses Instrumentarium wird oft auch "Orff-Instrumentarium" genannt. Stabspiele ermöglichen das Spiel mit Tonhöhen, die Entdeckung des Melodiespiels und der Begleitmöglichkeiten. Auf Trommeln können die Kinder Rhythmen spielen, in einer Abstufung von "ganz laut" bis "ganz leise". Andere elementare Instrumente zeigen, wie verschieden Materialien klingen können und stellen den Kindern eine Palette ganz unterschiedlicher Klänge zur Verfügung.

Auch elementare Instrumente können besser oder schlechter klingen. Manche sind stabil, andere sind schnell kaputt. Wichtig ist die reine Stimmung eines Instruments.

Die wirklich guten elementaren Instrumente findet man in der Regel nur in Musikgeschäften. Es sind Instrumente, die sich in jahrzehntelanger Praxis bewährt haben. Der Lehrer Ihres Kindes kann Ihnen, lieber Leser, sicher Empfehlungen geben.

Instrumente - zu Hause?

Auch wenn das Unterrichtswerk "Musik und Tanz für Kinder" nicht vorsieht, daß jedes Kind ein Instrument zu Hause haben und regelmäßig darauf üben muß, ist es für die Entwicklung des Kindes gut, wenn dieses selbst ein Instrument hat.

Sollten Sie uns nach einem Geschenk für Ihr Kind fragen, so lautet unsere Antwort zuerst:

"Einen Korb voll Rasseln, Klangstäbe, Schellen, Glokken, ein Triangel."

Wenn es die Finanzlage gestattet, darf auch ein Stabspiel zu Hause stehen. Ein Altxylophon hat die richtige Tonhöhe in der Stimmlage Ihres Kindes (nicht so hoch wie ein Glockenspiel!). So kann es das Kind beim Singen anregen und begleiten. Ihr Kind wird nicht täglich darauf "üben", es kann aber, wenn es will, manche Anregung aus dem Unterricht zu Hause aufgreifen und weiterentwickeln.

Zum Klavier, zur Geige, zum Schlagzeug, zur Trompete oder zum Fagott kommt das Kind nach der Früherziehung bzw. ein paar Jahre später: besser vorbereitet und mit einer Reihe wichtiger und bleibender Grunderfahrungen.

Abbildungen S.10:

Die Rassel - ein Instrument, das wir in verschiedener Form bei vielen Völkern vorfinden. Rasseln gehören zum elementaren Instrumentarium, das den Kindern Erfahrungen mit Grundtypen der Klangerzeugung gibt.

Das Xylophon - Grundinstrument für Melodiespiel und Begleitung, für die Erfahrung der Ordnung von Tonhöhen. Das Instrument kommt wie jedes andere elementare Instrumente den Bewegungsbedürfnissen des Kindes entgegen und fordert von ihm die persönliche Gestaltung des Klanges.

Allgemeine Hinweise zum Unterrichtswerk "Musik und Tanz für Kinder"

Es ist ein 2-jähriger Unterricht vorgesehen, doch ist jedes Unterrichtsjahr für sich abgeschlossen. In jedem Jahr gibt es 2 Kinderhefte und 4 Elternzeitungen.

Es gibt kein "Unterrichtsprogramm". Der Unterricht soll sich flexibel an die Kinder und die jeweilige Situation anpassen. Jeder Lehrer unterrichtet an einem "roten Faden" entlang so, wie er es für seine Gruppe am besten ansieht.

"Musik und Tanz für Kinder" wird herausgegeben von Barbara Haselbach, Rudolf Nykrin, Hermann Regner. Mitarbeiter/Autoren für das erste Unterrichtsjahr sind Elsbeth Hörner, Manuela Keglevic, Christine Perchermeier, Petra Sachsenheimer, Ulrike Schrott, Hermann Urabl. - Koordination: Rudolf Nykrin. - Grafik: Joachim Schuster.

"Unserе Jungs sind heute wieder groß in Form!"

"Find ich auch."

Das Unterrichtswerk wird weiterentwickelt. Es wäre für uns sehr schön, wenn einzelne Eltern etwas, das sie im Zusammenhang von "Musik und Tanz für Kinder" für besonders erwähnenswert halten, uns schriftlich mitteilen würden. Eine lustige oder nachdenklich-machende Episode zum Beispiel. Oder ein Bericht über besondere Aktivitäten im Elternhaus. Auch alle Tips von Eltern, die uns neue Anregungen geben, sind freundlich erbeten.

Sie finden Kontakt zu den Autoren des Unterrichtswerks über:

"Musik und Tanz für Kinder"
c/o Orff-Institut, Frohnburgweg 55, A 5020 Salzburg.

SCHOTT

MUSIK UND TANZ FÜR KINDER

ED 7236 Kinderheft 2 (2. Halbj.) „Die Tripptrappmaus"
mit Elternzeitungen 3 und 4, kpl.

Bei Nachbestellung von Einzelexemplaren:

ED 7236-01 Kinderheft 2
ED 7236-02 Elternzeitung 3
ED 7236-03 Elternzeitung 4

ISMN M-001-07578-7

9 790001 075787

ISBN 3-7957-5138-1

9 783795 751388